EFFEUILLER

El doloroso camino a la luz
The ugly path to clarity

Felipe Berhau

Effeuiller la marguerite

Me quiere... no me quiere.
Un juego de origen francés, que se desarrolla mientras su jugador
arranca los pétalos de una flor. Cada pétalo se repite "Me
quiere", o "No me quiere", y la respuesta yace en el pétalo final.

Loves me... loves me not.
A game of French origin, in which the player seeks to determine
through each petal of a flower if their object of affection loves
them back. The definitive answer will be revealed by the last
remaining petal.

Pétalos / Petals

Parte 1

BRUMAS

El doloroso camino a la luz

El doloroso camino a la luz

Te doy la bienvenida a un lugar muy oscuro. Un lugar en el que te caerá un balde de ácido sulfúrico encima tuyo. Un lugar en el que te perseguirán los demonios de la parálisis del sueño, y sentirás cómo una garra helada te acaricia la espalda mientras estás inmóvil e indefenso. Mientras una lágrima cae lentamente de uno de tus ojos y rezas a todos los dioses de todas las religiones que existieron a lo largo de la historia de la humanidad para que esa sensación de alerta e incertidumbre se termine de una vez.

Pero sigues caminando por esa oscuridad, con el tormento de las voces que te persiguen, mimetizándose con tu respiración y tus latidos. Hasta que en un momento, un campo repleto de flores se deja entrever a través del único rayo de luz que viste en una eternidad.

Y allí, te rodean las flores, y te ves enceguecido por sus colores y aromas, al punto que olvidas que ese campo es parte del lugar oscuro en el que te persiguen los demonios.

Asombrado por el sinfín floral, aparece la margarita más inmensa que viste en tu vida. Una con 40 pétalos, pero que está rodeada de espinas. Y comienzas a jugar inocentemente al juego del amor: Effeuiller.

¿Me quiere? ¿No me quiere? Cada pétalo abre una nueva aventura. Una nueva posibilidad. Un nuevo golpe de realidad. Pero que al terminar, te dejará en claro una respuesta definitiva y te guiará hacia la salida de ese lugar oscuro.

¿Te atreves a jugar? Te advierto que muy pocos valientes salen con vida…

Memorias de un psicótico

Yo no soy de pedir mucho
Sí creo que emano excentricidad
Como muy pocos han sabido brillar
Pero aún así no pido algo imposible

Sólo pido volver a aquellos días
En los que me acompañabas
Mientras yo reía

Una amiga mía vio nuestra foto y dijo
Qué feliz te ves ahí
Y sí
Como para no estarlo
Viviendo una película
En la que por lo bien que me tratabas
Yo me elevaba a las nubes
Enamorado

Lo sentí así
De verdad lo sentí
Y caminé llorando por cuadras eternas
Al momento que te perdí

Y seguí escribiendo lo mismo
Seguí esperando verte otra vez
Hasta que pasó
La magia volvió
Por poco, pero se esfumó

Y caí en la misma historia
En ser el que no era contemplado
En ponerme en una posición que siempre critiqué
Que siempre odié
En estar al compás de la incertidumbre
A la merced
A tu merced

Y la cosa no cambia

Siempre fui un estúpido en el amor
Y sí que lo he dado todo
Pero cada situación termina de la misma forma

Con la sensación de falta de gravedad en la boca del estómago
Una náusea constante que contagia al corazón y llega a los ojos
Para largar una catarata sin fin

Y la cosa no cambia

Poemas sobre ti

La lluvia estropeó todas esas páginas que te dediqué
El mar causa esa erosión lenta
Que no ayudó a mi desesperación
Al sentir que te estaba dejando ir en la arena

Soltando tu mano lentamente
Haciéndolo más doloroso
Creyendo que aferrándome a un capricho
Mi mente podría conservar algo

Pero no era así

Tus palabras fueron exactamente lo que necesité
En un momento en el que la ceguera y esa sensación constante de validación
Se interpuso a lo único que mantuvo mi rostro de piedra por tantos años:
La razón

Y esa lluvia de lágrimas comenzó a repetirse cada noche
A medida que te alejabas
Intentando encontrar el motivo
Sin éxito
De tu adiós

Dijiste que sería un hasta pronto
Pero no lo fue
La distancia se convirtió en un arma cruel
Y mientras yo tengo que pretender que la vida sigue

Vos sí lo crees
Y eso es lo que me atraviesa en dos
Sentir que lo que significó para mí
No fue lo mismo para vos

Que nunca lo fue
Y nunca lo va a ser
Y cuando vuelvas
Aquellas páginas llenas de dolor
Van a seguir ahí
Ni siquiera te las llevaste contigo
Para recordarme
Porque ya me olvidaste
Al segundo que despegaste

Segundo de tu día

Para vos soy solo unos segundos del día
Una obligación a completar
Una tarea para tachar de la lista
Una lista extensa de segundos
Que vaya uno a saber cuántos minutos comprende

Pero para mí sos mi día
Un eterno sueño viviente
De todo lo que puede ser
Pero que seguro jamás será
Porque no pasó
Porque no está pasando
Porque no va a pasar

Porque lo que es estático
Siempre lo estará
Nunca será impulsado
Seguirá las leyes
Y nunca se moverá

Y esos días se convierten
En una eternidad de angustia
En las que el rosa del cerebro
Se transforma en verde
Y ya no queda nada

Y cuando se acaba ese día
Cierro los ojos
Y tu cara sigue ahí

Tu voz sigue ahí
Tu olor sigue ahí
Mi obsesión sigue ahí

Cómo algo tan predecible e imperfecto
Que estaba predestinado a terminar trunco
De pronto se apoderó toda mi cordura
Para volverme débil
Torpe
Inútil
Lo que algunos llaman estar enamorado

Pero la calle flechada me está matando
Se siente que mi mente y alma van hacia un lado
Y la tuya ni siquiera emprendió camino
Está atascada
Dormida
Haciendo su vida
Y como debía ser desde un principio

Por eso no te culpo
El que aquí está mal es mi corazón
Que cegó mi razón y la profundidad de mis entrañas
Cual parásito que termina carcomiendo al pobre insecto
Hasta que ya no queda insecto
Sólo queda parásito

Y hacia eso voy
A olvidarme de mí
A hacer que los días ya no sean sobre mí
Y que se centren en tu sonrisa

En tu pelo
En el recuerdo de tus manos tocándome el cuello

En esperar que llegue ese segundo
Que me dé vida por otro día
Y así, falsas alegrías
Cual lluvia que jamás llega a apaciguar la sequía

Aquí espero
Por vos
Sólo por vos
Dame ese segundo de tu día

Me ahogo

Siento que danzo en el umbral de la locura
En un vaivén constante entre que tu tacto me derrite
Pero que en su ausencia la tempestad se apodera de la cordura

Ojalá me hubieran dicho que reprimir era oprimir
Y que cuando tu mirada me atraviesa la piel
Mi silencio es lo que en verdad me está cortando

Si pudiera decir todo lo que me está pasando
El insomnio ya no sería mi compañero fiel
Sentiría la brisa de esa calle junto al río
En la que volví a creer en cosas que había olvidado

Pero mientras tanto
Brumas
Incertidumbre
La sensación de querer vomitar la angustia trancada en el esófago
Que no puede salir
Y me ahoga

Me ahogo

Quizás

Quizás me aferré a un momento que no fue real
Pero que me enseñó sobre la tempestad
Quizás fui terco y no quise entender
Hasta que me envolvió la realidad

Pero todos esos segundos de emoción
Angustia
Ansiedad
Expectativa
Destaparon una versión mía que no conocía

Una versión que ve con claridad

Quizás fue
Quizas no
Quizás será
Quizás sí era
Pero lo que importa es cómo se vivió
Lo que importa es que no voy a olvidar
Lo bueno
Lo malo
Lo triste
Lo horrendo
Las lágrimas
Las risas
La incertidumbre
La falta de empatía
Las muestras de cariño
La piel

Todo

Dicen que cuando nos vamos de este mundo lo único que nos
llevamos son los recuerdos
Y así será
Quizás así será

Acostumbrar a eso

Y de pronto ya no hay un deseo de buenos días
Ya no hay un "que descanses"
Son palabras que con la buena intención que tuvieron
Empedraron el camino al infierno

Pero parte de uno aún siente ese vacío
La falta de cercanía, de calor
Que una vez supo existir
O al menos en mi mente era así

Ahora ya se sabe que no era nada
Y que navegamos el abismo
Con la esperanza de pisar tierra
Del otro lado del río

Pero no, uno se queda a la espera
Y el horizonte se aleja cada vez más
¿Qué es lo que queda?
Es como que ya la indiferencia supera la tristeza

Todos esos deseos
Toda esa cercanía
De un día para el otro se desvanecen
Como la brisa de otoño

Y uno se debe acostumbrar a ello

Pienso

Pienso en que me tocan otras manos que no son las tuyas
En que una mirada me penetra pero no son tus ojos
En que alguien me dice lo que quiero escuchar pero no sos vos

Pienso en cómo caminamos junto al río
Y pensé que ese recuerdo duraría tanto como la ciudad eterna
Que a pesar de las batallas
Se mantiene como bastión de esperanza

Pienso que no son brumas
Que no se desvanece
Pero abro los ojos y cada vez te alejás más

Pienso en tus últimas palabras
En cómo se sintió que todo eso no valió nada
Y ahora todo lo ajeno se hace realidad

Otras manos me tocan
Otros ojos me miran
Y se siente bien

Y lo malo que alguna vez pensé
Ya no lo estoy pensando más

¿Es tan difícil de entender?

No quería al que se moría por su mirada
Al que lloró un milenio y más
Al que no paraba de pensar en estar juntos

No quería al que quizás era el más interesante de la habitación
Sin siquiera creérselo
Que brillaba por su talento y energía

No quería al que tenía metas y ambiciones
Que conocía lo bueno y lo malo del mundo y expresaba su sentir

No quería al que se la jugó
Que fue claro y le dijo que le interesaba
Que le gustaba
Que no quería estar con nadie más

No quería al que le escribía poemas
Que le compraba regalos
Que cuando se cruzaban las miradas
Le decía que estaba enamorado

No lo quería
Simplemente no lo quería

¿Es tan difícil de entender?

Perdiste

Es todo una mierda.

Uno ya no puede sentir algo fuerte.

Porque al momento que te mostrás vulnerable...

Silencio.
Rechazo.
Abandono.

Nos condicionamos a ser esclavos del ritmo.
En un vaivén de la vida que no sabemos si realmente queremos. O
si es algo que fue impuesto.

Entonces decís lo que pensás que el otro va a querer escuchar. Pero
eso no es lo que vos sentís.

Vos sentís más. Vos querés más.
Y por miedo, te condicionas a la oscuridad.
A machacar tu corazón hasta que ya no queda nada.

Y cuando querés acordar, se acabó el tiempo.
Perdiste.

Nada

A esta altura
Nada significa nada
Quizás antes significaba algo
Quizás sólo significó en mi cabeza
Pero ahora es nada

La nada misma
Lo que fuimos
Lo que seremos

Pero la nada fue genial
En mi mente era todo
Y pronto dejó de serlo
Cuando la nada comenzó a no ser nada

Ya no era suficiente
No era nada
Solo un rastro
De una idea
Algo remoto
Algo lejano
Algo utópico
Que añoré y añoré
Y exprimí
Y me aferré
E intenté no soltar

Pero no era nada
Y se desvaneció frente a mis ojos

Y lo más triste
Es que no se siente la diferencia
No se siente el vacío
No se siente que falte algo
Porque no era nada
No es nada

Brumas

Todo lo que fuimos
Todo lo pudo haber sido
Eran simples partículas
Átomos en un lugar y un momento determinado
Que se los llevó el viento
A lugares opuestos

Cuando estuvieron juntos
Fue inseparable
Pero la cohesión se desgasta
Se pierde
Se muere
Y llega el ocaso

No hay verano que pueda evitar
Ese rocío
Ese frescor
El viento que se levanta y bendice la sequía
Con su humedad gentil
Al extinguirse la luz

Pero así como sopla de forma esperanzadora
Se lleva lo que ya no funciona
Y allí fuimos a parar
En una danza sin fecha de caducidad
En un espiral maldito que quisiera olvidar
En la derrota de todo sueño y esperanza que pudimos tener
Y en comprender que no te iba a volver a ver

Algunas veces el recuerdo aparece
Cuando pienso en nuestro andar
Vuelve a mi mente el amor y el desamor
De esa triste eternidad
Y por un segundo me remonto
Vuelvo a danzar
Pero abro los ojos
Y esa bruma se desvanece en el mar

Esto ya está

Ojalá fuera algo fácil
Tan simple como decirte que me gustás
Y que quiero estar contigo
En cambio, la complejidad humana es atroz
Me ha llevado a dudar de mi capacidad
Y termino redactando prosas que no va a leer nadie
Y que apenas tienen ritmo

Pero va más allá de eso
Sí, me gustás mucho
Pero la idea que tengo de vos es lo que más me gusta
La verdad es que apenas te conozco
Y lo que sí conozco no sé si es algo que me deleite
Tanto como lo que siento en mi mente

En mi cabeza sos la perfección
Te preocupás por mí
Me escribís
Estás presente
Me querés ver

Yo no quiero ser de esos que viven pegados
Sólo quiero certezas
Saber que te gusto
Y punto

No necesito demostraciones
Eso me rechina
Lo único que quisiera

Es que me preguntes cómo va mi día

Pero no lo hacés
En mi mente sí
Pero en la realidad no
Vivo atrapando migajas de pan
Para llenar un hambre voraz
Que nunca vas a poder saciar

Ojalá pudieras
De verdad quiero que lo hagas
Pero el estrés y ansiedad
Y varias sesiones de terapia arriba
Me hacen ver que simplemente no estás

No estás para mí
De la forma que quiero
No estás para mí
De la manera que anhelo
Y cualquier intento para calmar mi apego
Sólo será un efecto placebo

Al momento que empiezo a ver con claridad
El ritmo y el sentido vuelve a brillar
Lo tengo claro
No es acá

Te adoré
Pero esto ya está

Despedida

Esta carta no es un hasta pronto
Como alguna vez lo supo ser
Es un adiós definitivo

Pero más allá de eso
Quiero que sepas que siempre te voy a recordar
Siempre vas a ocupar un rincón importante en mi corazón
Un espacio de mi vida en el que fui muy feliz

Y cada vez que piense en lo que compartimos
Lo que comimos
Los lugares que recorrimos
Voy a sonreir
Porque los momentos buenos son lo que quedan
Y nunca se van a ir

Gracias a vos me di cuenta que podía sentir
Muchas cosas que ya me había olvidado
Y ahora es momento
Que cada uno siga por su lado

Pero sin olvidar
Lo que en mi mente fue el mejor cuento jamás contado

¿Sabés cómo se siente?

Pasan las horas
Pasan los días
Y ese pequeño compartimiento en el corazón
En dónde queda un poco de esperanza
Se va desintegrando
¿Sabés cómo se siente?

Es como que te arrancaron una parte de vos
Al niño que soñaba
Que creía en un futuro felíz
En el que las sonrisas fueran más que las lágrimas
¿Sabés cómo se siente?

Es momento de aceptarlo
No te importa
Nunca te importó
Ni siquiera por camaradería
Ni siquiera por compasión
Ni siquiera por lástima
Uno es usado y desechado
Cual envoltorio de un regalo que fue almacenado en un cajón
Y no volvió a ver la luz del día
¿Sabés cómo se siente?

¿De verdad sabés?
Seguro que no
Mientras el ritmo de la cotidianidad nos envuelve y envejezco
Siento que hasta mis recuerdos van soltando tu mano
Que jamás llegué a sostener

Y me abrumo y vuelvo a leer y releer los casi 50 poemas que
escribí pensando en ti
¿Sabés cómo se siente?

Seguro no entendés
No sabés cómo se siente
Pero si hay algo en lo que soy bueno
Es en predecir el futuro
Y un día, en un tiempo te vas a acordar de mí
Cuando te toque pasar por todo lo que yo pasé
Y en ese momento vas a saber
Finalmente
Cómo se siente

12:55

Son las 12:55
Y acá estoy
Mirando el techo
Mientras cae una lágrima de cada ojo

Todavía pienso en todo lo que salió mal
En todo lo que pasó
Y lo que no pasó
Y cómo en el laberinto de espejos en mi mente me perdí a mí mismo
Esperanzado en la idealización del futuro arrebatado
Que dejó un vacío cruel cuando me di vuelta y me fui

Pueden pasar los días
Puede que pasen meses
Y todavía el sorbo se va a sentir amargo
No importa cuántos labios tomen de él
La oscuridad y el dolor interno emanan por las paredes del ser
Que en un momento supo brillar
O solamente era la dopamina de las migajas que recogía

Y acá estoy
A las 12:59
Terminando un poema
O una sesión de terapia gratuita con el bloc de notas
Miralo como quieras

Yo solo quisiera dormir
Quisiera que estos pensamientos no vinieran a mi cabeza

Pero es imposible dejar de pensar algo que me dejó tanta confusión
Sobre mí
Sobre tí
Sobre la vida y los vínculos
Y lo peor es que quizás vuelvas a aparecer por ahí
Y si me agarrás mal voy a reincidir

Ahora es 1:07 y ya terminé de escribir
De verdad estoy harto de mi mente perturbando mi calma
Necesito vivir

Ciudad

Volví a aquella ciudad
Donde alguna vez nos cruzamos
Pero ya no estabas
Siempre imaginé que nos íbamos a encontrar una vez más
En medio del puente
Como en las películas
Pero solo vi una multitud caótica
Mientras sobrevolaban las gaviotas

Pasé por donde nos vimos
Golpeé la puerta en el callejón
Pero la vanidad nunca respondió

Caminé por la gran avenida
Mientras mi mente evocaba
Cuando caminabas al lado mío
Cuando el tiempo se detuvo
Y fue especial

Caminé
Y caminé
Intentando olvidar todo lo que pasó después
Cuando enloquecí
Cuando desapareciste
Cuando todo se esfumó

Pasé por todos los lugares que habíamos pasado
Pero ni tu alma ni tu corazón estaban allí
Es como que la magia de las calles seguía intacta

Pero tu presencia ya no estaba

El sol refleja en algunos tejados
La fuente infinita se asoma
Gloriosa como cuando me senté
En la lluvia aquella noche a pedir calma
Y el domo glorioso se ve a lo lejos

Y allí estoy yo
Caminando
Conmigo mismo
Sin encontrarte
Pero no me siento solo
No estoy solo
La ciudad eterna me acompaña

Este poema no me gusta

A esta altura ya no sé lo que quiero
Ya no me queda espacio en el papel
Más que este último
Y aún así siento que voy a seguir escribiendo sobre esto
Una y otra vez

Porque no terminó mal
Pero tampoco me dejó sintiendo bien
Fue simplemente una inconclusión
Una incoherencia
Una constante incertidumbre que tuvo un desenlace trunco

Y cuando intento cerrar el capítulo
Me perturba la tempestad de pensamientos negativos

Es como que por más que uno se resista
Cae en lo mismo
Por lo mismo que siempre recibí de ti

Te juro que no lo entiendo
Tengo una mente brillante
Perversa
Audaz
Y sin embargo caigo en esto
En la dedicación de cuerpo y alma a algo innecesario

Porque mi tiempo gastado lo valía antes
Y más lo vale ahora
Entonces, ¿qué onda?

Y lo peor de todo es que escribo y escribo
Culpándote
Culpándome
Culpando a lo que no me dieron de chico
Cuando lo que más anhelo es paz
Dar vuelta la página y vivir con ello

Pero quiero pelear
Quiero echar en cara eternidades que pasaron de cosas que no dije
Y sé que aunque te las diga llorando
Te va a entrar por un oído
Va a rebotar en tu individualismo e irresponsabilidad
Y salir por el otro a la velocidad de la luz

No entiendo para qué gasto mi energía en esto

Este poema no me gusta
Son muchas líneas que repiten lo mismo que los otros 39
Pero es el último que escribí
Y es necesario

Outro
Carta a un extraño

Hola Extraño,
Ya pasaron varios meses desde que te sentí parte de mi. De que tu calor en la cama de hotel me llenaba de esperanza, y hasta me hacía pensar que algún día podría sentir aquello que siempre anhelé.

Te extraño, Extraño. Tus caricias, tus palabras, tus mensajes, tu rutina. Y me extraño también. Me sentía tan libre, tan feliz, tan valiente. Cosas que se esfumaron al momento que te fuiste.

Estoy mal, Extraño. No logro entender cómo no te importa, a pesar de que me dijiste que sí te importaba y te iba a importar. Que aquellas noches frías en la plaza eran algo que no ibas a olvidar. Que estar conmigo era como estar con alguien que conocías de una vida atrás.

¿Qué pasó, Extraño? ¿Te dejé de gustar? ¿Conseguiste algo mejor? ¿Te cansó mi intensidad? Todas estas preguntas me atormentan por la noche, causando parálisis y llanto, hasta que amanece y vuelvo al triste ritmo de lo mundano. Todo para que unas horas más tarde caiga el sol y vuelva la melancolía.

Te juro que no entiendo, Extraño. Repito una y otra vez cada día de nuestra historia y no entiendo en qué momento cambió todo. Cómo el "hasta pronto" se convirtió en un "nunca más", cómo las palabras escritas empezaron a causar una llaga en mi piel, al punto que la hemorragia no se pudo curar.

Me lo dijiste, Extraño. Antes de que te fueras, dijiste que era la persona indicada en el momento equivocado. Pero era la indicada. Uno tiene que darlo todo si es la persona indicada. ¿No podrías haberte esforzado más, Extraño?

Me decepciona esto, Extraño. La verdad que yo merezco más que esto. Cualquier persona merece un mínimo de respeto, y el castillo de naipes de todas las mentiras que me dijiste se lo lleva el viento. Nada fue real. Eras otra más de las memorias fallidas de lo que pudo ser y nunca fue. Una ilusión más que no valió la pena. Y que me hizo perder noches maquinándome de que el problema estaba adentro mío, cuando vos eras el problema.
Ahora lo entiendo todo.

Adiós, Extraño.

Reflexión

Effeuiller duele
Effeuiller no es bueno
Te toma por sorpresa
Y mata tu esperanza

Te atreviste a seguir
Sabiendo el resultado
Lanzándote al abismo
Para encontrarte a ti mismo

Me quiere
No me quiere
Ya no tiene importancia
¿Alguna vez te miraste al espejo
Para preguntarle eso al reflejo?

Effeuiller es un juego
Es una triste realidad
Uno debe saber jugarlo
Y saber qué preguntar

La guía hacia la luz
Para poder escapar
De esa triste oscuridad
De la bruma y soledad
Es poder comprender
Que Effeuiller es la ruleta rusa del azar

Y que cada pétalo es una enseñanza y un tropiezo que te va a
empoderar.

Part 2

ENLIGHTENMENT

The painful path to clarity

Clarity is a bitch

You took the chance of playing the game. Of giving everything you have. Of putting all the pressure, hopes and expectations into what you think is real love. But, are you ready to face the truth? Are you ready for the real world?

Because sometimes fantasy is better than reality, and more so when we are walking through a freezingly dark road, without a sign of light on the horizon. So, we tend to make a pretty world inside our minds, as a necessity to survive. To escape. To smile at least for a while.

And as we dig into unreality, we forget that demonly awful surrounding, in which we are running away from demons. We attach so stubbornly to it without understanding what's going on outside, that while we are being thrown stones at, or even being told truths we don't want to hear, we keep on with that idealization.

But what happens is that the beautiful fake world we built is unstable, and it cracks easily. Because deep down, we know something's going on. And we attach even more. We feel the pain even deeper. We want ourselves to be proved wrong. We want to keep living outside the real world. We put all our energy and thoughts into what will feel like a failed project that we do not want to let go. Even worse, in order to keep things going, we forget to use our voice. We forget to say no.

At one point, things get exhausting. We can't keep our own pace anymore. And you open your eyes and see a field full of flowers.

You pick the biggest daisy you've ever seen, and decide that it's time to settle this: you are ready to play *Effeuiller*, the game of love.

Loves me… loves me not. Each petal opens a new adventure. A new possibility. A new beginning. More clarity and wisdom. And once you are done, you'll finally understand everything that has been going on, letting you out of that dark place.

Are you brave enough to play? Only a few come out alive.

Intro
What if

I didn't say no
I didn't let go
I lied

But it's like walking on thin ice
And every gasp of that beautiful blizzard
Making me stumble for the millionth time

The pain on my knees, though
Feels like the first time on that cloud
And the crave for death by emptiness
Once you are done with us
Thrills me like never before

I have to have it
No matter its cost
And by now I should know
The piece I'm giving away
By law will become my new low

But I love it
It's the adventure of forgetting to remind myself who the fuck I am
To then walk across the lobby
With a mixture of feelings
Repulsion
Disgust
Disbelief
Gratefulness

Something only I can taste

'Cause it's terrible
But I have to come back for more
Today
Tomorrow
Maybe next weekend

I can't say no
And I won't let go
It's my decision to live a tragedy
Be the penman of my epic fall

But at least this way
I'll have no regrets
I did what I wanted
I lived my best life
I fell
I got up
I got my heart broken too many times

But at least this way
When it all comes to an end
There will never be a "*what if*"

Face the truth

I had to pinch myself
A thousand times
To make believe you held my hand
And I forced this fantasy
Into real life
Without even understanding
If that was my Northern star

And now I fell off the bridge
Without anyone there to save me
Your face flashes before it ends
And it's all fading away

It's almost time to face the truth
It's something that won't kill me
But I'd rather elude

Trapped

He found a new replacement for his insanity
But little did he know that it was gonna be a dark ride
For a while validation from the outer world
Was what fed his guts
But now he was focusing all his energy
All his heart and mind
Into a thought
A hopeful idea that had a thousand reasons to go wrong
And damn, little did he care about that

It's like he forgot his north
And he's been since walking on eggshells
Fearful of everything about to crumble
To fade in the mist
To die in his arms

And he did know he deserved more
But was so blind to acknowledge his stubbornness
That he kept walking that road
A highway with no end in sight

So, what now?
Through this eternity I could have raised a child
I could have gone on a thousand adventures
I could have freed my mind

But here I am
Trapped in my own insecurities
With a knot in my throat

Crying myself to sleep for any alteration in my mind

Shine

Those uphill roads meant something
They finally did
I felt hunger
I felt desperation
I felt the agony and devotion
I had been looking for
After 116 pieces of coal

And I wandered around an empty square
That's not empty at all
While my eyes are delighted
By the shiny swords

And on top of that yellow palace
I see your shine
Guiding me to what it should become

I feel the weight of the immersion
So hard on my chest
And my fascination for it
Makes me forget it might be over
When this day comes to an end

The way things are

I cried myself to sleep
The night you were next to me
Because it really felt like an empty field
As if nothing mattered
Between you and me

The candle can keep its fire
At least for a while
It can be warm and reassuring
But it can only last some time

Once it runs out of wax
Fire fades out
And the small trace of smoke
Soon dies in the midst of the night

And at this point
I feel I've thrown myself into the abyss
That's what one can do for love
But even without expecting something
You hope something will come back

But I keep falling
Waiting for a sign
Waiting for things to be
Exactly how they sounded in my mind
Not so long ago
When you told me you wanted me

That beautiful night

Maybe I keep pushing for something we'll never have
Maybe I live in denial and can't see you are giving all you can
Maybe it's never perfect like when we see the act of movie stars

But all I know is that I'm not ok with the ways things are

Ashes

Everything burned so fast
I couldn't even look back
And see the damage with my own eyes
I just got on that horse as fast as I could
And ran away from new disappointment
Like I've always been used to

This fire was not sudden
Was not unexpected
It had been going on for a while
I could smell it
But it's like they say
Mind tells one thing
Heart is blind to see

And in a matter of blinks
Everything crumbled
I saw and heard what my nightmares told me every single night
I saw a version of reality I was not familiar with:
The real one

But who can blame those pretty eyes for setting the fire?
It was me who should've been aware
Now all I have is a distant memory
Of what filled me with joy
And then tore me apart

You weren't ready for the burn
I kind of expected it but I ignored the signs

And after everything went down
You grabbed my hand
But there were only ashes left in my heart

I just got on that horse
And never looked back

Stranger

Pure and brave
Gave it all away
You saw through me
As if nothing we'd gone through
Mattered at all

Part of me had anticipated the storm
Of a million tears and tantrum shows
But a silly particle still had hope
You would even care a little
And still be there for me
When things got cold

But no
As days come and go
The distance is wider than ever
I wait and wait for you to care
To show up
To make me believe that at least a bit mattered to you

And I hold on so stubbornly to that hope
While frustration breaks me down at dawn
I did everything right
I was there
I cared
And you didn't show up

I'm scared for the day I let you go
And you become a stranger

Just another face on my feed
And no emotion runs through my system
When I see your smile
Because that's what we are designed for in this world
To forget
To be emotionless
To have no empathy
To not care
To treat others like meat
Like strangers who never met
Who did not share long nights
Who did not shed any tears
Who did not blend their bodies and souls
Until they were out of breath
And I keep hoping I'm wrong
But the more I cry
The more you fade in my mind
Too bad that day is coming
And when it does
I might sleep tight
I might smile again
But I just wish it didn't come
I wish things were not like I always thought they'd end up

But they are

Fado little story

He fell deeply
As he got promised the most beautiful Sintra palaces
Bright colors, love explosion
All at the verge of slipping away
With the breeze of the Atlantic
Changing its course just because

He was never prepared
But he took the chance
Though some may admit
That paying a price
As big as the battle that took the life of 5 kings
Was maybe too much

11 hills he climbed
He even cruised through the mystic rivers
On the quest for that precious sound
And all he got was a *goodbye*
As his heart faded in the clouds

The story says he walks around
With a glass of Port wine in his hand
Chanting daunting Fado tunes
And a see through hole in his chest
To haunt those who are holding hands

All I see is pain

Waking up next to you
Messing around in the hotel pool
Getting lost in your sight
Desperately wishing for time to freeze
And remain just like that

Those late hours in your car
Even singing our hearts out
It's so hard to believe
That what was precious for me
Was not reality in your mind

And I have to live with that
I just have to understand
That you'll never be in my bed
That I won't see you again

It's so hard to face the truth
I just wanted you in my life
But with each gasp of air I take
The distance gets wider
The room is dimmer

And all I see is pain

Effeuiller la Marguerite (loves me not)

Dear flower
Does he love me?
This is a beautiful petal
Vibrant like the Sun
It gives me strength
To dig into the unknown
And free my mind
From a certainly obscure past

Dear flower
Does he love me not?
This petal seems dry
It sets me back in a dark autumn night
To where it thinks I belong to
And starts messing up my mind

Dear flower
Does he love me?
This petal seems dead
No matter how much care it's given
It will not resuscitate

Dear flower
Does he love me not?
I think he does love me
'Cause this petal is bright
It gives the warmth I need
When the cold wind coming in
And it ensures everything I need

Maybe even more beyond my reach

Dear flower
We are running out of petals
Does he love me?
Does he love me not?
At this point I don't really know
This petal is not dry
But it's far from giving me life
This one's the last
Polarizing my mind

I enjoyed playing this game
But if it's not clear
I'll have to move away

Set free

I felt the ashes on my back
I heard the voices in my mind
Felt I was standing in the dark
In the middle of the woods, no turnaround

I felt somebody chasing me
I felt the eyes creeping on me
Felt someone grabbing my feet
To get me stuck in my defeat

And then it all disappeared
I was being set free

From my mind
From my past
From my heart
And everyone
I am finally able to look around
And be grateful for who I am

And this time
I'll make it right
Won't let anybody
Bring me down
I am more than I ever thought I'd be
Nothing can stop this feeling
That's coming from within

Funny how we go insane

Funny how we lose ourselves
With every little inconvenience
Feel the air sucked out of our lungs
But if you push through
You will see
It was just an awful dream
And you'll wake up
With your spirit up high
You will realize

Nobody will ever tell you
The place or thing that you should be
'Cause now you can stand for yourself
You are being set free...

Wounded heart

A wounded heart can be tricky
It can act crazier than a broken one
Because that wound is still pumping blood
And playing tricks on the mind
Saying it will all be fine
That there's still hope for us to hold hands

But one can cope with a million droughts
Cross the desert on a winter night
And still be waiting for those droplets of love

And once the skin is no longer tight
When your legs are not strong enough to stand
You will realize you threw yourself into a loop
Wasting your life
Praying for that wound to heal
Expecting that pain to end
Waiting for your eyes to meet again
And to feel the warmth you once felt

Take control

It was never meant
To be replacing my dark thoughts
But deep down I just knew
Loved the feeling of being torn

Till I
Was out of hope
On the ground
Chased by my own thoughts
I knew
It was time
To stop this shit
And take control

I am breathing again
I can feel the rain
I'm alive and well
I stopped the curse
It's all in the past
It was all in my mind
It wasn't meant to be
But it's over now

I am free

From obscurity
From my mind
From my bed
From my soul
From everything I thought
From my heart
From my future
From my past
From the the footsteps chasing me
From the dark at night
From my tears
From my fear in the crowd
From the eternity of solstice
From the mouse trap

I am free from you

Rise

Now that the freezing summer
Swiped my dreams away
I can see with clarity
I had fallen from grace

Chasing the feel of validation from a stranger
Who loved to fade away

In a twisted way that reminds me of my childhood
The uncertainty of it all
It's so safe that it's familiar
And yet so cruel
To run behind the ball

I tried to fit in
I starved to be the best
Destroy the rest
And also myself
I tried that and so much more

I tried to be liked
I tried to be loved
Tried to be respected
And tried to find some hope

Now that the warm winter season's here
I can see my shine
I have to detach from that old feeling
That child felt way back

When life began to be so hard

I tried to impress you
Tried to neglect you
Tried to forget you
I tried that and so much more

I tried to end me
Tried to listen
Tried to cry
I tried to hit the wall

The loop can only be broken
If you find your inner eye
The one who can see it all
I have to forgive but never forget
The things I've been through
And let my shine embrace you all

I tried to be cool
I tried to look good
I tried to overachieve
All for the wrong reasons

I tried to be smart
I tried to look hot
Tried to make you love me
Now it's time for some self-love

Few years from now
I bet you will not recognize me

I won't even know my old self
The trap that I've been put through
By myself and others
Is way behind it all

Now you'll watch me shine
You'll watch me smile
You'll watch me be glorious
That's who I truly am

It took me a while
To get where I am
But the ride was worth it
I rise above the stars

Flourish

I picked up the wrong flower
Just like I've done before
There was nothing wrong with it
But it just wasn't for me
And I forced myself into believing
It was the only one in the field
When in reality it was full
And I was the only bee

I got ahead of myself
Up to a point things got exhausting
And my sting was so attached to the nectar
That the lack of that drug made me feel so empty
When it was no longer there

But the field is full of roses
And when the rain is gone, the rainbow shines
Everything flourishes once again
And so will this little bee's yellow heart

I will flourish, I know it damn well

Moving on

Cruising through the river
Feel the warmth reaching my forehead
This feeling is not unfamiliar
But it hadn't visited me for a minute

After a dramatic fall
I got back and raised above
Now I care about the moment
And I can finally set you free
Let you go

I will not forget the smiles
I will not erase those nights
But I will forget the pain
Learn from it
Embrace it all
But detach my heart

I'm finally moving on
And shall I ever cross your road
I might think of reliving what it once was
Hold your hand
Get close to your lips
And feel your love

But I'll keep walking
On my road
This time I will not stop
You can either join me or go on your own

Photograph

I keep on looking at our photograph
Thinking of the canceled future
We could've had
I keep revisiting my mind
The moment it all turned upside down

And I can't keep
Going to bed like this
Crying myself to sleep
Just like when you were next to me

It's damaging
Every last bit of me
It's so hard to let go
So hard to move on
When I cannot detach
Until I have certainties
It was always a gray picture
That somehow I turned into a dream
You just faded in the mist
Funny how I had predicted this

And I can't hold on
To my stubborn thoughts
You are weakness
You are my failure
You are everything that should've been and was not

I see my smile in that photograph

Wish I could get inside that frame
Stay there forever, but I have to go
This wasn't a movie after all

But that picture still brings me joy
It's right in my light table
And I look at it when it's cold

Back then I wished things wouldn't end up this way
Maybe it's for the better
But it still hurts

Outro
Poem to a stranger

Hey there, stranger
Your face looks familiar
But I don't know what's behind those eyes
We crossed paths the other day
And you gave a shy smile

A distant memory
Comes to mind
Part of me thinks it's lovely
Part of me remembers my shattered heart

I want to open my mouth
To erase the distance between us
But now it seems wider
Than when we were 9 thousand miles apart

As you kept on with your rhythm
I had to eventually go on with life
And once I gave up
I forgot how it felt like

Now I have you in front of me
I no longer think fantasy is better than reality
We are not surrounded by angels and knights
We are not by the river
And I'm definitely not holding your hand

You seem like a stranger to me

A beautiful one
I might even smile back at you when I walk by
But I'll keep on walking
Maybe I can say hi
Just to relive those moments
But it'll only be that

Tear

Part 1: silent child

He hadn't seen the world yet
But he had a loud voice and big dreams
But every new sunrise started to bring
Something that began to bother him

He was feeling watched
As if they wanted his innocent mind to fall down
And every lecture he was given
Began shutting words out of his lungs

Until he was silent

Part 2: love on the ground

He rushed and held on to something that was not love
But the idea of overcoming solitude
And the more he discovered he'd signed a bad contract
He was being thrown stones by his partner in crime

Until he was on the ground, silent

Part 3: frozen heart

He held onto her
As she saw half of her life and memories fade away

He had to be strong for someone else
And in the midst of that he lost himself

This new purpose he got
Enabled him to forget the child
Forget that happily ever after life
Only showing strength to the rest

Until his heart was frozen, silenced
With no trace of any streams of blood

Part 4: silenced

He had lunch everyday
With the enemy sitting next to him
Eating his horrendous rice
Waiting for him to chew out loud

He was still so young
With hopes and ambitions of a grown-up mind
But he was there to point out his mistakes
To a point of questioning his worth in the world

Until he was silenced

Part 5: eternal smile

I tried to expel the past
I tried to rebuild

Anxiously hoping a miracle would come
And wipe everything overnight
But it doesn't work this way

I fell into the hole
I couldn't say no
And I didn't let go
All I did is hold my first tear
Then the second one
And the third
Until sadness turned into physical pain

But what if that child stops being silent?
What if he gets up?
What if he opens up and his heart finally starts pumping blood?
What if the one who silenced him is no longer around?

All that is happening
And those tears are turning into an eternal smile

So, how did Effeuiller end?
I won. I found clarity. I love me.

¿Cómo terminó Effeuiller?
Gané. Encontré la luz. Me amo.

Grazie

It could have been so perfect, but I have to go on with life. Even if I hate going with the flow. Even if it hurts, I will never forget the good and the bad, and everything I learned from every petal in this game.

So, what did it end up being? We will never know. But I won. I found clarity. I love me.

I want to thank everyone who's been with me on this journey. And I'd like to thank the biggest inspiration behind this game. It's someone who might never even get to see this page.

And, like I said in my previous book, I thank my inner strength and creative sparkle within me to push me to write and make a story out of every good or bad feeling I've had.

Last but not least, thank YOU, dear reader. For reading *Demon's Hole, Say No. Let Go., Love is Pain*, and now *Effeuiller*. I hope you can make something good out of these stories.

-

Podría haber sido una eternidad perfecta, y mucho más. Pero es momento de hacer lo que odio, y dejar que la vida siga, que fluya. Nunca olvidaré lo bueno y lo malo de todo esto, incluso si genera dolor en el pecho. Cada pétalo de esta historia lo valió.

Entonces, ¿cómo salió el juego? Nunca lo sabremos. Pero gané. Encontré la luz. Me elijo y me quiero.

Quiero agradecer a todos los que me acompañaron en el proceso, y en especial a la inspiración detrás de la mayoría de estos pétalos. Sé que es muy probable que nunca llegue a leer esta página.

Y, como dije en mi último libro, agradezco mi capacidad creativa y voluntad para expresar cada sentimiento y convertirlo en arte.

Por último, te agradezco, querido participante del juego de Effeuiller, por haber llegado hasta aquí, y a quienes leyeron mis libros anteriores, *Demon's Hole, Say No. Let Go., Love is Pain.*

Espero que todas estas historias, todos estos pétalos, les sirvan como aprendizaje.

EFFEUILLER

felipeberhau.com | @felipeberhau